BIBLIOTHÈQUE DOCUMENTAIRE DE L'ARCHITECTE

FONDÉE SOUS LA DIRECTION

DE

GASTON LEFOL

ARCHITECTE DIPLOMÉ PAR LE GOUVERNEMENT

HOTELS

ET

HOTELLERIES

Façades — Plans — Vues Intérieures

PARIS

LIBRAIRIE GÉNÉRALE DE L'ARCHITECTURE ET DES ARTS DÉCORATIFS

CH. MASSIN & Cᴵᴱ, ÉDITEURS

51, RUE DES ÉCOLES, 51

AVANT-PROPOS DE L'ÉDITEUR

Le grand mouvement de tourisme qui a pris ces années dernières une importance particulière devait contribuer à donner à l'Industrie Hôtelière un développement considérable. Sans parler de la clientèle fortunée et exotique pour laquelle le luxe semble n'avoir pas de limites, il s'est formé tout un public qui veut trouver, lorsqu'il se déplace, un minimum de confort. Les Architectes ont donc été naturellement amenés à chercher de nouvelles formules qui tiennent compte des besoins du public, mais ce n'était là qu'une partie de leur tâche. On ne saurait juger une construction de cette nature en s'en tenant à l'aspect d'une chambre, d'une salle à manger ou d'une façade. Les questions de chauffage, cuisines, accessoires de toute nature prennent en l'occasion une place prépondérante; il faut là encore, comme dans beaucoup d'autres branches de la construction, que l'architecte se double d'un ingénieur pour rechercher toutes les améliorations, tous les perfectionnements techniques d'aménagement qui pourront permettre de réduire au minimum la main-d'œuvre aujourd'hui si coûteuse; ce sera la partie la plus ingrate mais non la moins utile de sa tâche.

Nous avons cherché dans ce modeste ouvrage à grouper un certain nombre d'exemples qui puissent faire profiter les architectes de l'expérience.

Nous exprimons ici notre reconnaissance aux architectes qui ont bien voulu nous permettre de reproduire les œuvres que nous avons groupées dans ce recueil. Nous nous sommes efforcés de varier ces types le plus possible, comme importance, comme situation géographique et comme destination, allant du grand hôtel à la modeste auberge, en éliminant toutefois de ce choix ce que l'on est convenu d'appeler le Palace, construction qui, par son importance un peu exceptionnelle, mérite de faire l'objet d'une étude particulière.

Il nous a semblé que la présentation de ces exemples empruntés à des talents divers avait sa place tout indiquée dans cette Collection de la Bibliothèque documentaire de l'Architecte où nous nous sommes efforcés de montrer aux professionnels le parti que leurs devanciers avaient tiré de données souvent ingrates. La solution de ces problèmes varie sans doute à l'infini selon les questions de situation, climat, budget, etc., mais il n'est jamais inutile de voir comment elle a été abordée par d'autres, et nous espérons que sur le terrain exclusivement pratique où a été portée cette Collection ce modeste ouvrage sera appelé à rendre les mêmes services que ses aînés.

TABLE DES PLANCHES

Hélio. Faucheux, Chelles

Ch. Massin, édit., Paris

HOTEL DU LION D'OR À REIMS. — Architecte M. BELLAT.
Vue d'ensemble et plan des étages.

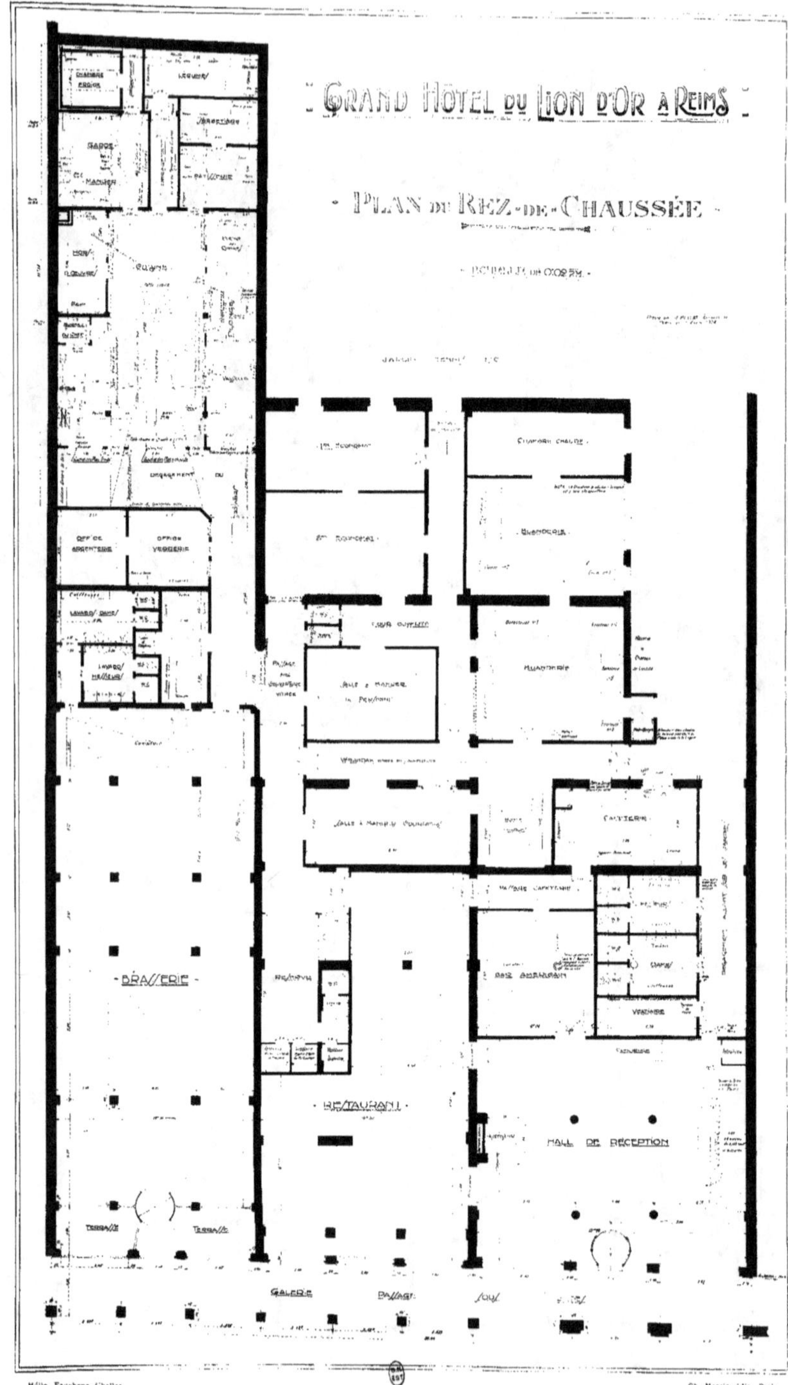

HOTEL DU LION D'OR A REIMS. — Architecte M. BELLAT.
Plan du rez-de-chaussée.

HOTEL DU LION D'OR A REIMS. — Architecte M. BELLAT.
Une chambre. — Les cuisines.

WESTMINSTER HOTEL au TOUQUET PARIS-PLAGE. — Architecte M. Bluysen.
Construit par l'Industrielle Foncière. — Vues des façades.

WESTMINTER HOTEL au TOUQUET PARIS-PLAGE. — Architecte M. BLUYSEN.
Construit par l'Industrielle Foncière. — La Salle à manger et le Hall.

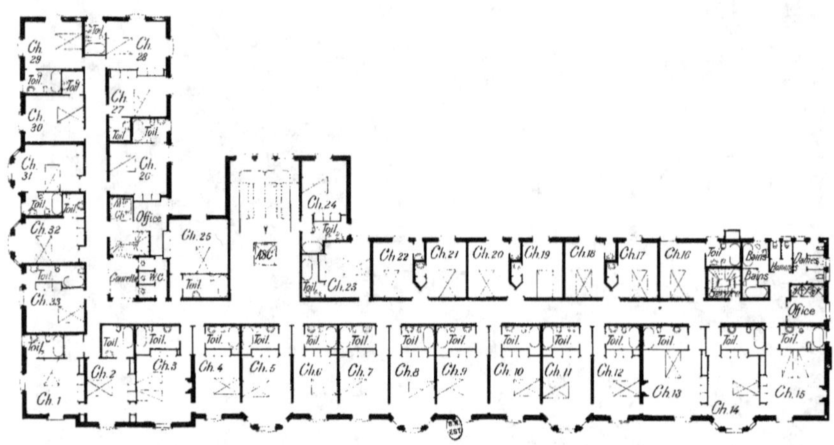

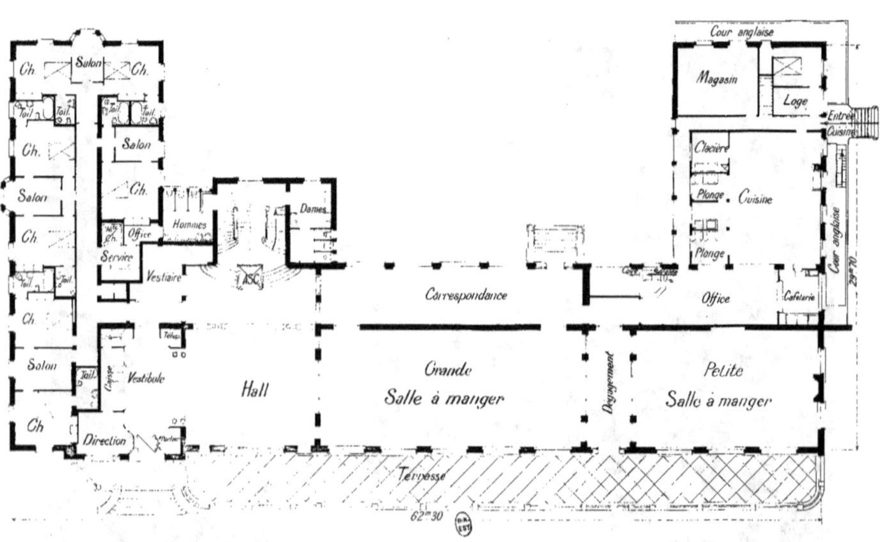

WESTMINSTER HOTEL au TOUQUET PARIS-PLAGE. — Architecte M. BLUYSEN.
Construit par l'Industrielle Foncière. — Plan d'un étage et plan du rez-de-chaussée.

Hélio. Fauchcux, Chelles

Ch. Massin, édit., Paris

PONT ROYAL HOTEL a PARIS. — Architectes MM. Pasquier et Jacquard. — Décorateur M. Devèche. — Façade principale.

PONT ROYAL HOTEL a PARIS. — Architectes MM. Pasquier et Jacquard. — Décorateur M. Devêche.
Détail de la façade et Salle à manger.

PONT ROYAL HOTEL a PARIS. — Architectes MM. Pasquier et Jacquard. — Décorateur M. Drvêche.
Salon. — Chambre.

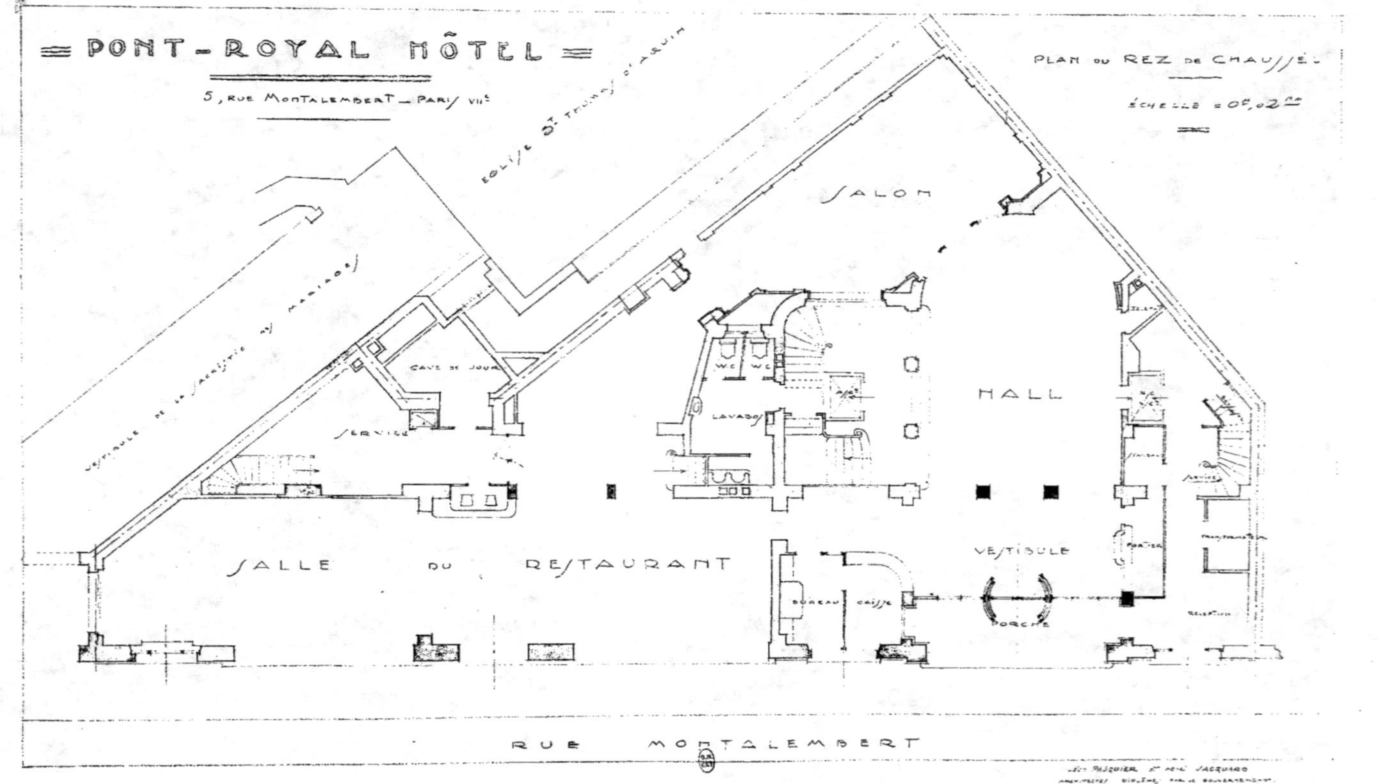

Hélio. Faucheux, Chelles

Ch. Massin, édit., Paris

PONT ROYAL HOTEL A PARIS. — Architectes MM. Pasquier et Jacquard. — Plan du rez-de-chaussée.

PONT ROYAL HOTEL A PARIS. Architectes MM. Pasquier et Jacquard. — Plan des étages.

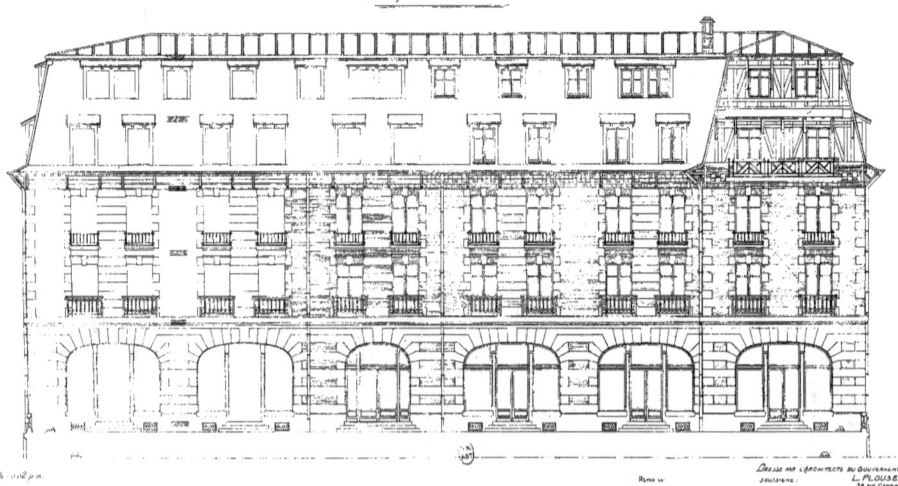

HOTEL DE BLONVILLE-sur-MER. — Architecte M. PLOUSEY.
Façade principale et façade postérieure.

HOTEL DE BLONVILLE-SUR-MER. — Architecte M. PLOUSEY.
Une chambre. — Salle de Café

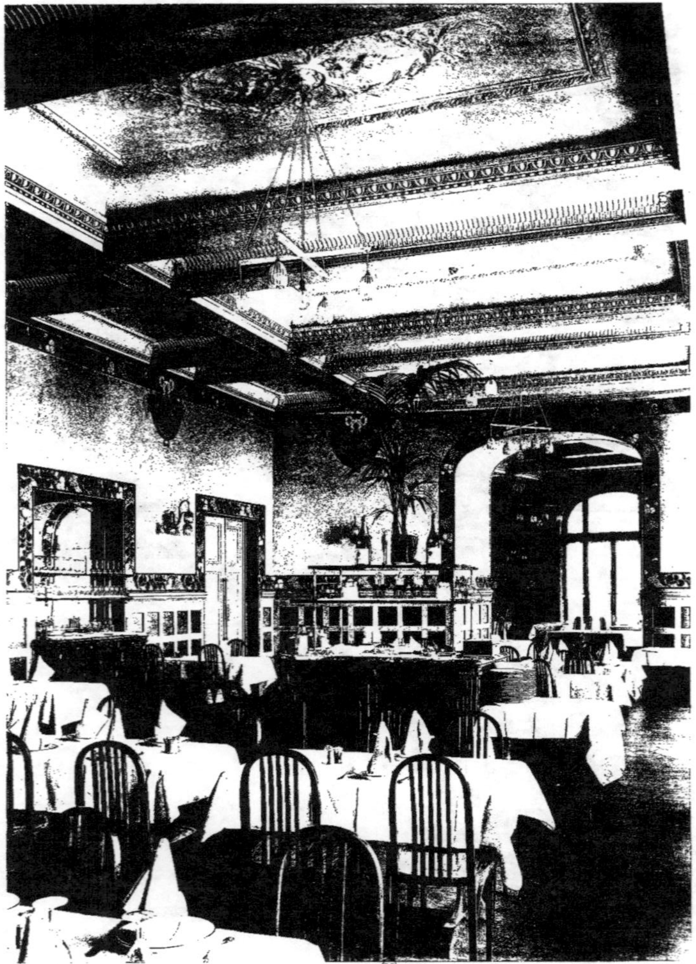

HOTEL DE BLONVILLE-sur-MER. — Architecte M. PLOUSEY. — Salle à manger et coupe latérale.

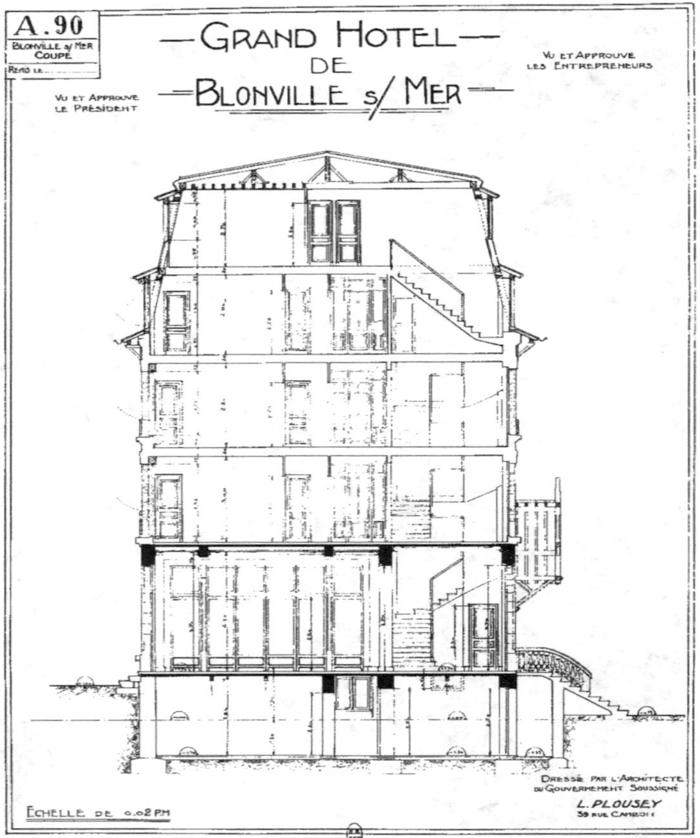

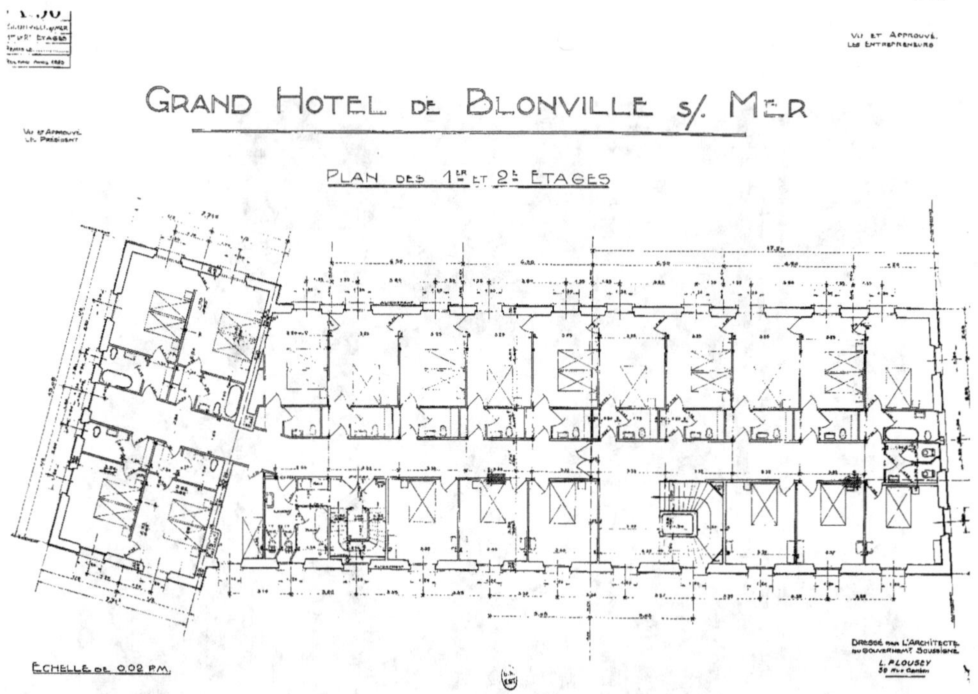

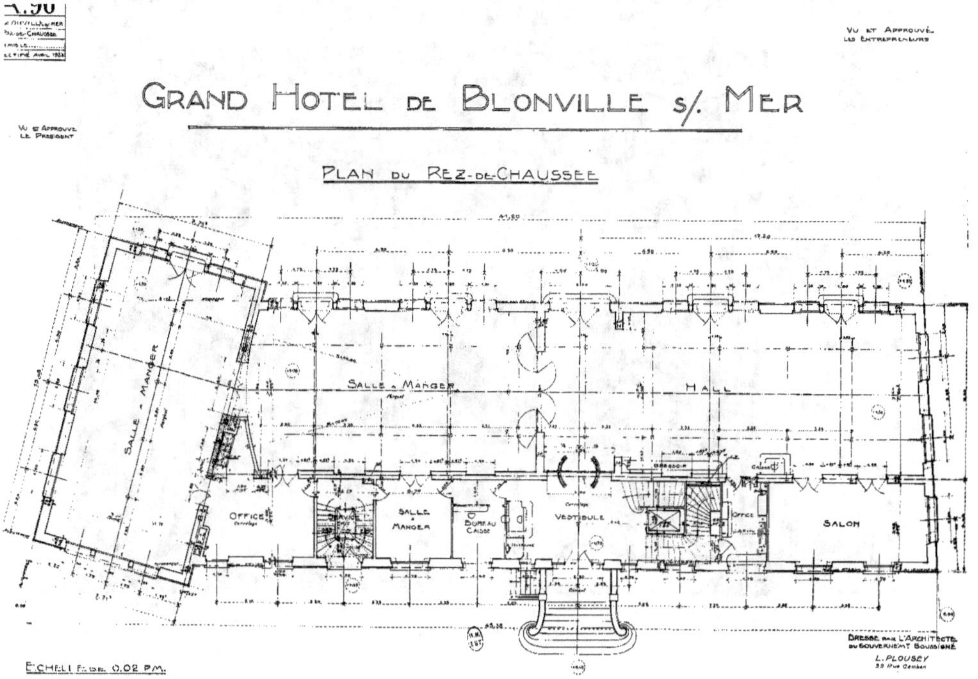

GRAND HOTEL DE BLONVILLE s/. MER

PLAN DES 1ᵉʳ ET 2ᵉ ÉTAGES

ECHELLE DE 0.02 P.M.

DRESSÉ PAR L'ARCHITECTE
DU GOUVERNEMENT SOUSSIGNÉ
L. PLOUSEY
39 Rue Cambon

VU ET APPROUVÉ
LES ENTREPRENEURS

VU ET APPROUVÉ
LE PRÉSIDENT

GRAND HOTEL DE BLONVILLE s/. MER

PLAN DU REZ-DE-CHAUSSEE

ECHELLE DE 0.02 P.M.

Hélio. Faucheux, Chelles

DRESSÉ PAR L'ARCHITECTE
DU GOUVERNEMENT SOUSSIGNÉ
L. PLOUSEY
39 Rue Cambon

VU ET APPROUVÉ
LES ENTREPRENEURS

VU ET APPROUVÉ
LE PRÉSIDENT

Ch. Massin, édit., Paris

HOTEL DE BLONVILLE-SUR-MER. — Architecte M. PLOUSEY.
Plan des étages et plan du rez-de-chaussée.

Halle, Faucheux, Cheiles.

Ch. Marsin, édit., Paris.

HÔTEL "ASTRA" A PARIS. — Architecte M. LE ROY.
Vue de la façade.

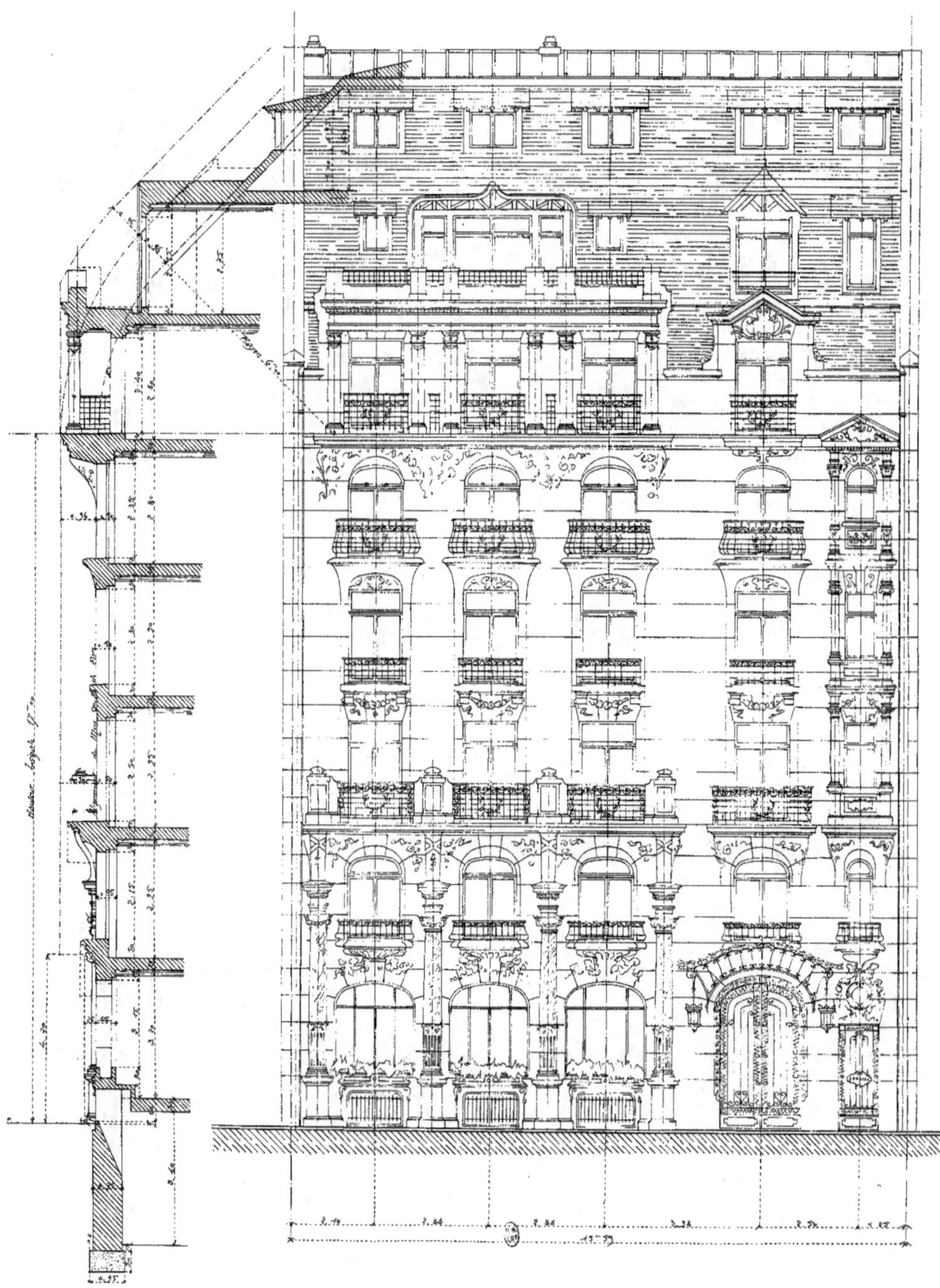

HOTEL "ASTRA" A PARIS. — Architecte M. LE ROY.
Élévation et coupe.

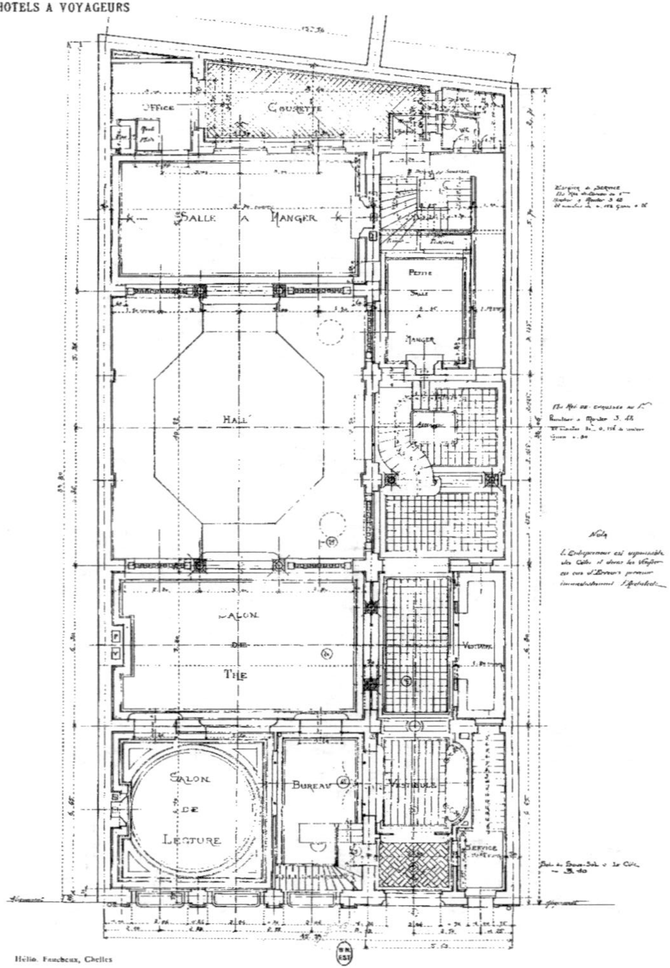

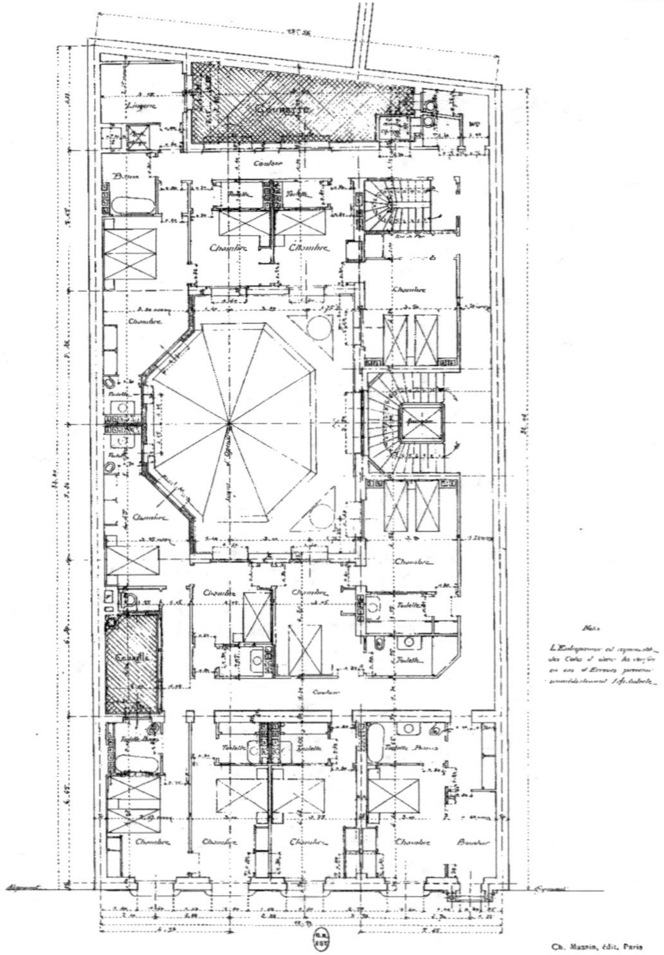

Hélio Fortier, Orléans

HÔTEL « ASTRA » A PARIS. — Architecte M. LE ROY. — Plan du rez-de-chaussée et d'un étage.

Ch. Massin, édit. Paris

CENTRAL HOTEL A NANTES. — Coupe longitudinale, façades sur cours et façade sur rue. — Propriétaire : Société Française des Hôtels modernes. — M. BAUHAIN, architecte à Paris.

Hélio. Faucheux, Clichée

Ch. Massin, édit. Paris

CENTRAL HOTEL A NANTES. — Vue perspective. — Propriétaire : Société Française des Hôtels modernes. — M. Baghain, architecte à Paris.

Hélio. Faucheux, Chelles

Ch. Massin, édit., Paris

CENTRAL HOTEL à NANTES. — Vues du hall et de la porte d'entrée. — Propriétaire : Société Française des Hôtels modernes. — M. Bauhain, architecte à Paris.

CENTRAL - HOTEL

A NANTES

PLAN DES ÉTAGES

CENTRAL - HOTEL

A NANTES

PLAN DU REZ-DE-CHAUSSÉE

CENTRAL HOTEL a NANTES. — Plans du rez-de-chaussée et des étages. — Propriétaire : Société Française des Hôtels modernes. — M. BAUHAIN, architecte à Paris.

Ch. Massin, édit., Paris

Une HOTELLERIE au BORD de la LOIRE. — Architecte M. BIVEL.
Façade principale et façade postérieure.

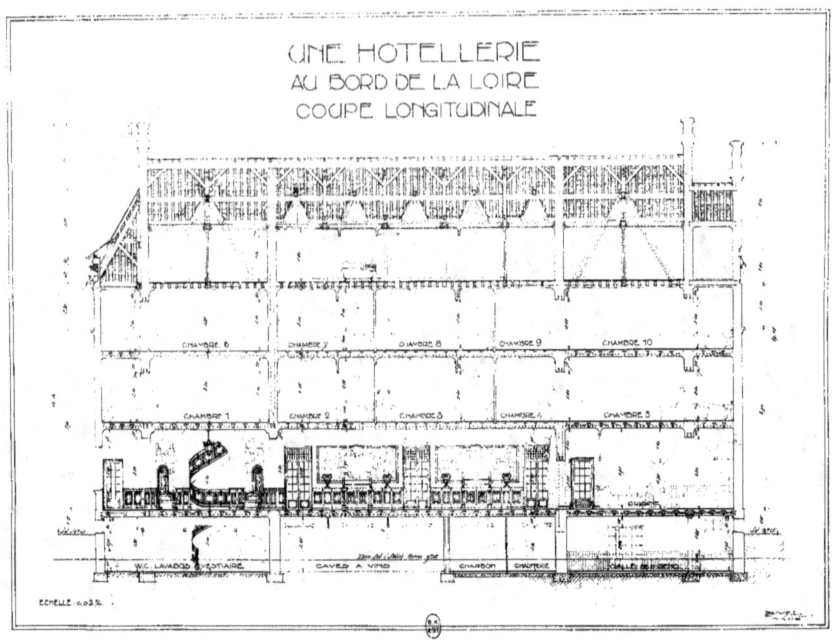

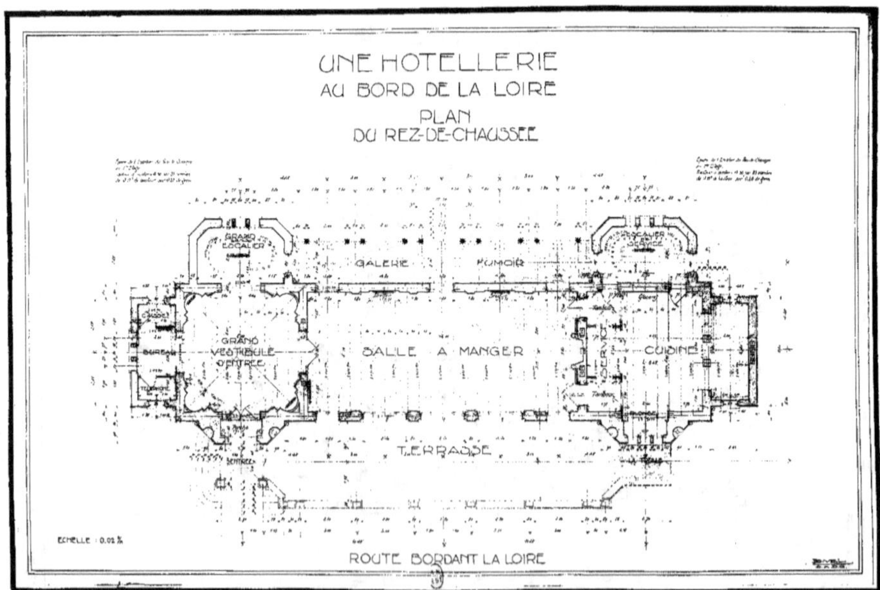

Ch. Massin, édit., Paris

Une HOTELLERIE au BORD de la LOIRE. — Architecte M. BIVEL.
Coupe longitudinale et plan du rez-de-chaussée.

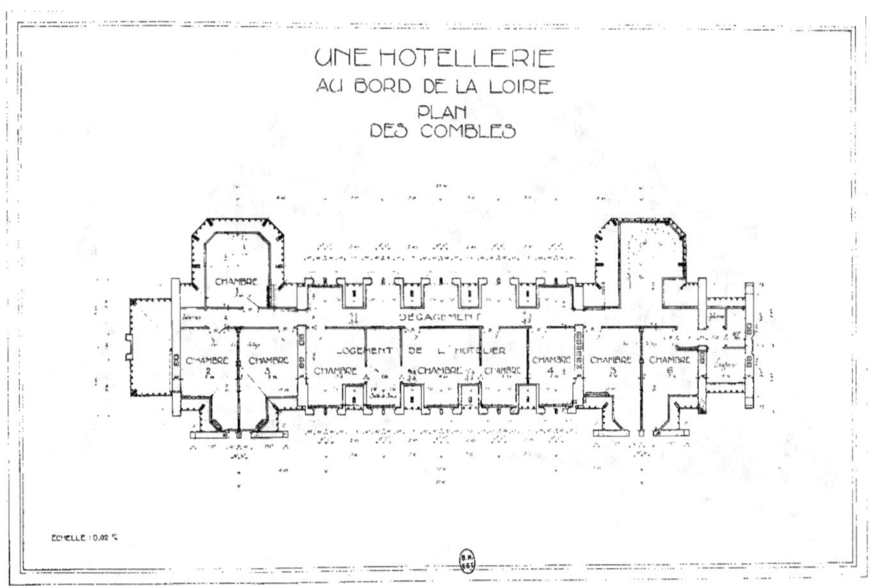

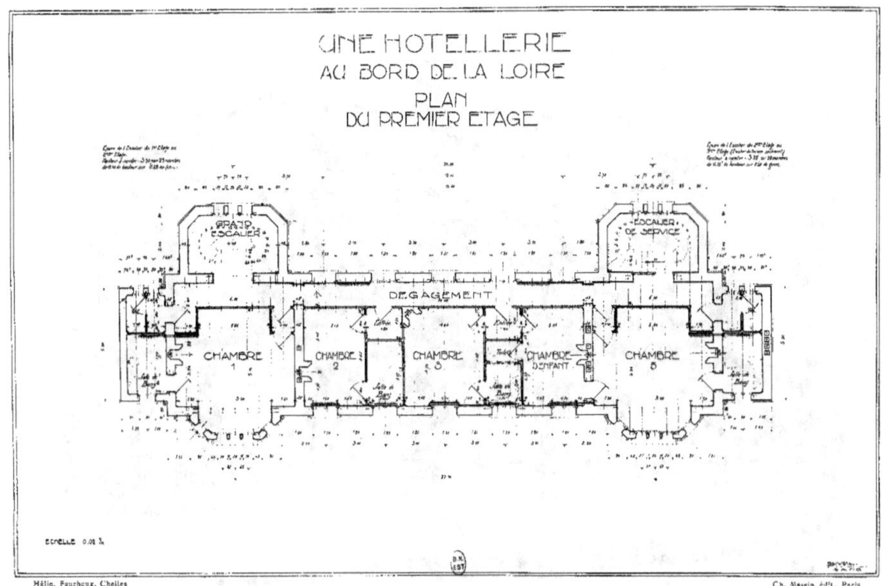

UNE HOTELLERIE AU BORD DE LA LOIRE. — Architecte M. BIVEL.
Plan des combles et plan du premier étage.

BUFFET-HOTEL a TERGNIER. — Architecte : Le Service des Batiments de la Cie des Chemins de fer du Nord.
Façade principale. — Façade postérieure.

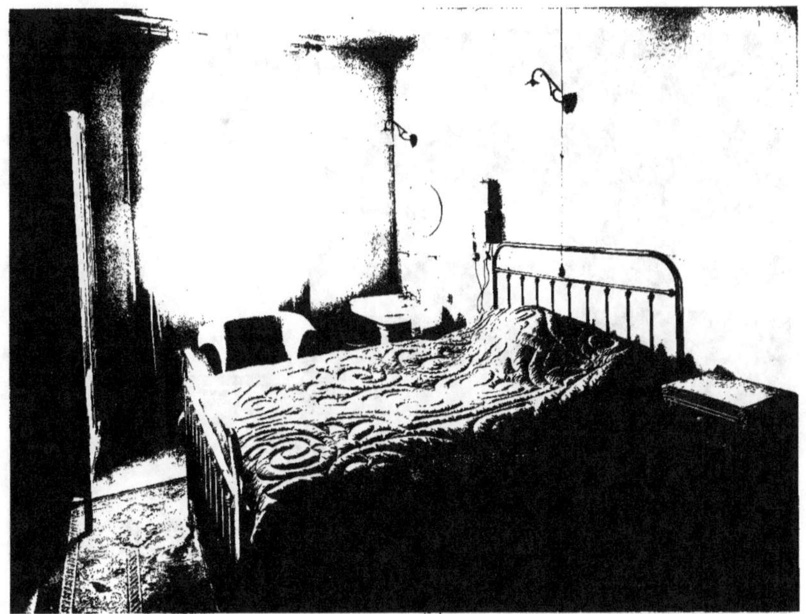

Hélio. Faucheux, Chelles

Ch. Massin, édit., Paris

BUFFET-HOTEL a TERGNIER. — Architecte : Le Service des Bâtiments de la Cie des Chemins de fer du Nord.
Le Buffet Salle à manger. — Une chambre.

Hélio. Faucheux, Chelles

Ch. Massin, édit., Paris

BUFFET-HOTEL à TERGNIER. — Architecte : Le Service des Bâtiments de la Cⁱᵉ des Chemins de fer du Nord. — Le hall et l'escalier. — Un petit salon pour repas particuliers.

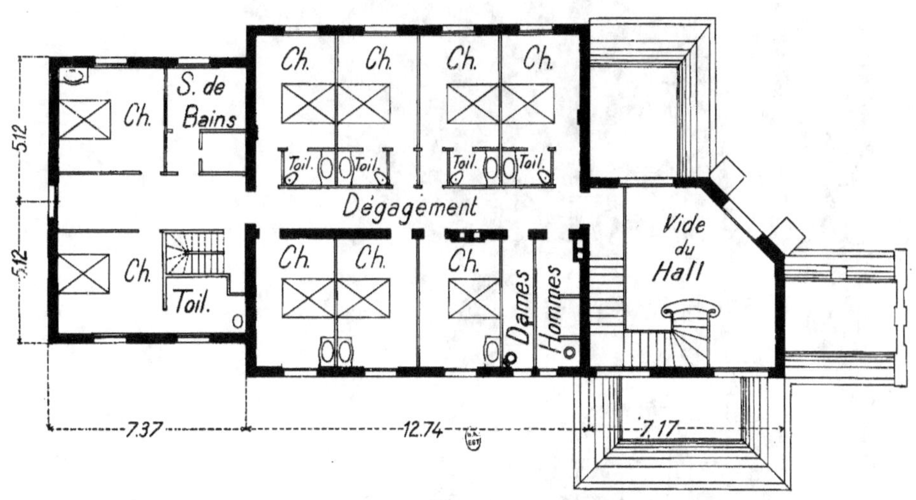

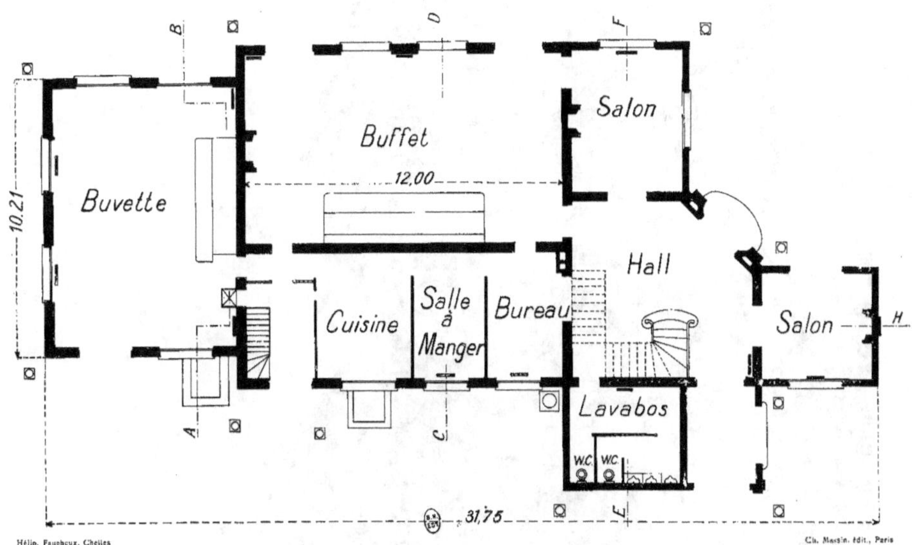

BUFFET-HOTEL à TERGNIER. — Architecte : Le Service des Bâtiments de la Cie des Chemins de fer du Nord.
Plan d'un étage. — Plan du rez-de-chaussée.

Un CHALET-HOTEL dans la MONTAGNE. — Architecte M. P. Hévin. — Vue perspective.

Hélio. Fancheux, Chelles

Ch. Massin, édit., Paris

UN CHALET-HOTEL DANS LA MONTAGNE. — Architecte M. P. Hévin. Façade latérale.

PLAN DU Iᵉʳ ETAGE

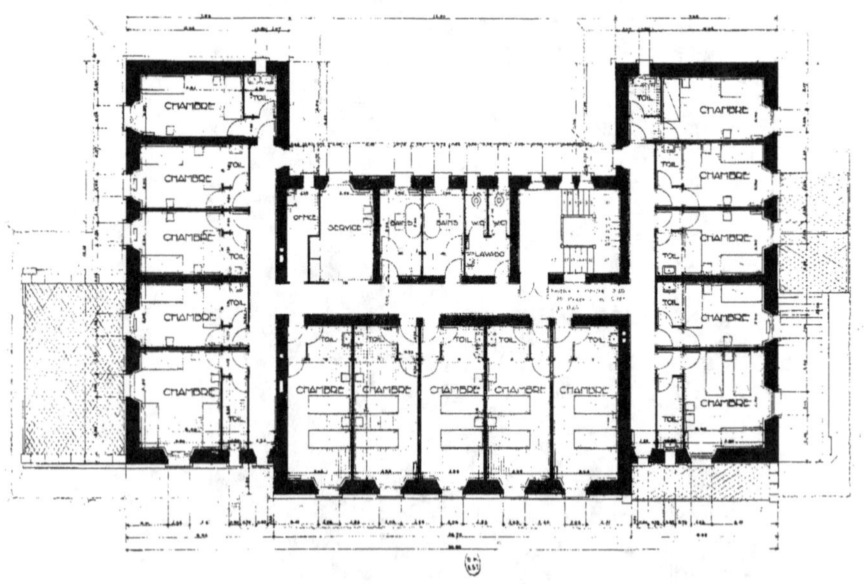

Un CHALET-HOTEL dans la MONTAGNE. — Architecte M. P. Hévin.
Vues intérieures. — Plan du premier étage.

PLAN DU REZ-DE-CHAUSSEE

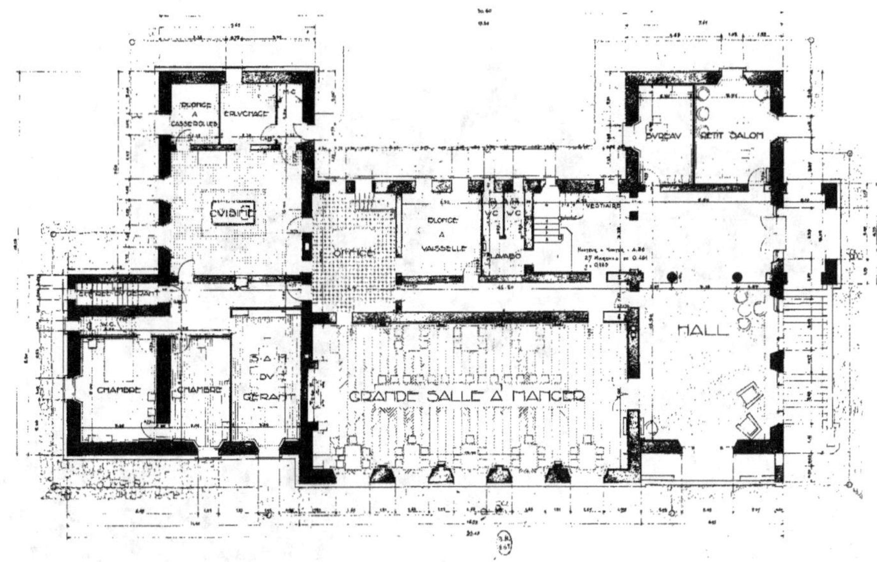

PLAN DU SOUS-SOL

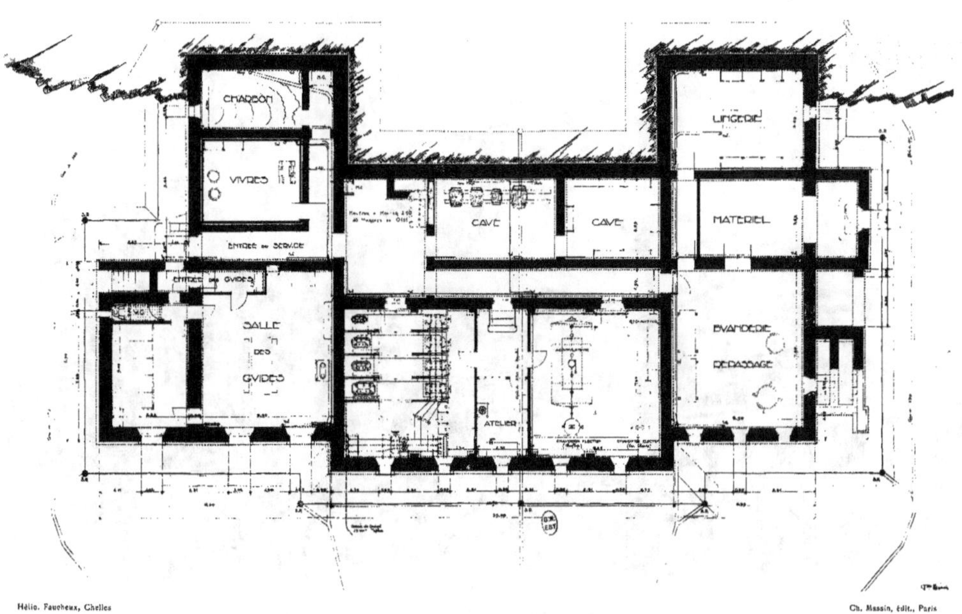

Un CHALET-HOTEL dans la MONTAGNE. — Architecte M. P. Hévin.
Plan du rez-de-chaussée. — Plan du sous-sol.

AUBERGE CAMPAGNARDE. — Architecte M. Benois.
HOTELLERIE en SAVOIE — Architecte M. Agache.

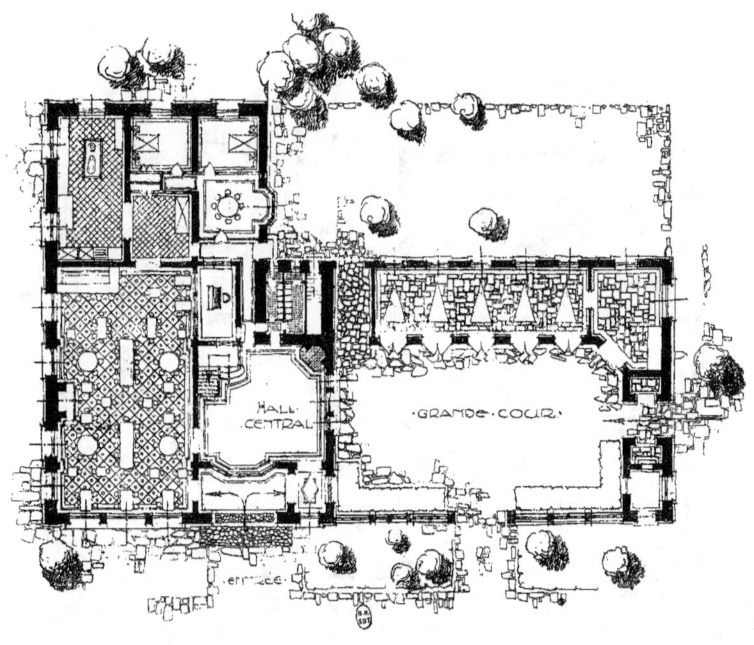

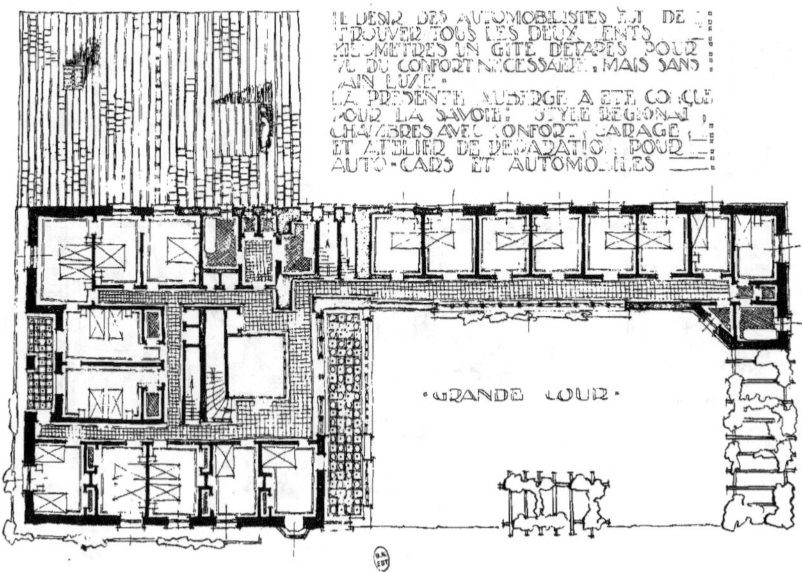

Ch. Massin, édit., Paris

HOTELLERIE en SAVOIE. — Architecte M. Agache.
Plan du rez-de-chaussée et du premier étage.

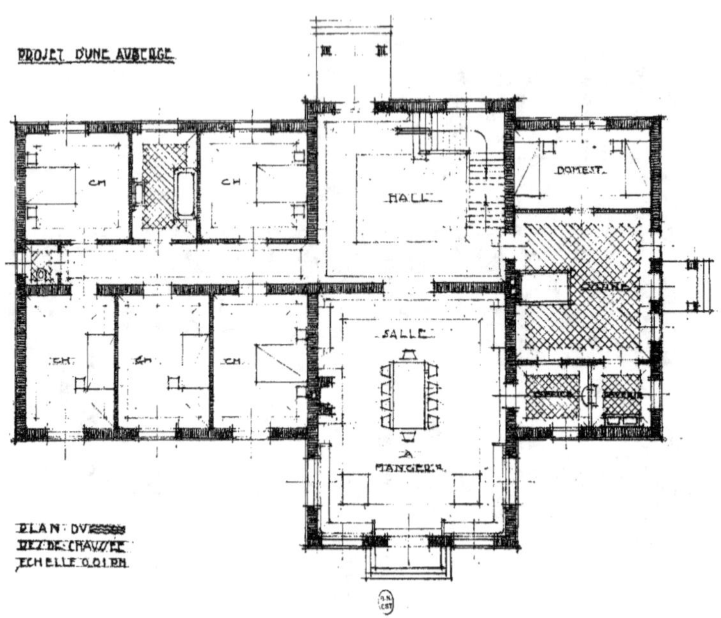

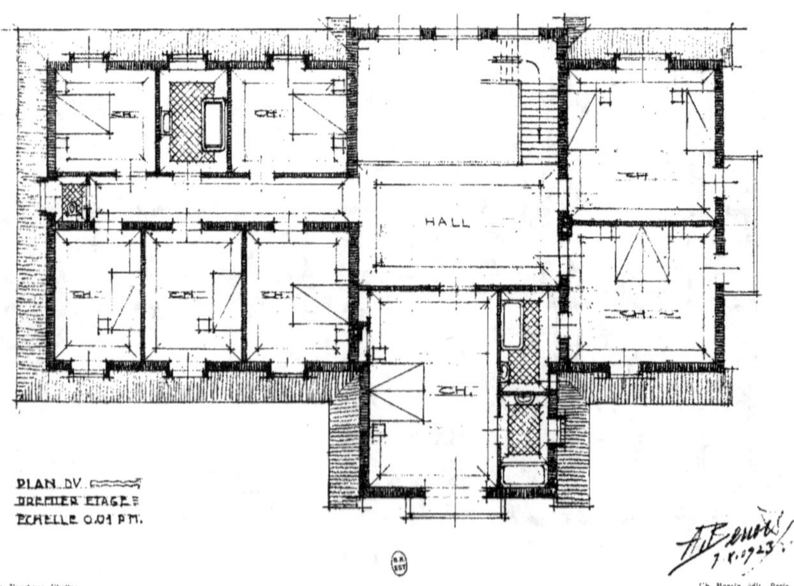

AUBERGE CAMPAGNARDE. — Architecte M. BENOIS.
Plan du rez-de-chaussée et du premier étage.